Inhaltsverzeichnis

Vorwort

Herzlichen Glückwunsch zum Kauf dieser handlichen und kompakten Form unseres spiralgebundenen Rezepteheftes.

Hier finden Sie 40 Baguette - Variationen.

Beim Durchstöbern der Rezepte steigt die Vorfreude aufs Ausprobieren.

Jetzt müssen Sie sich nur noch entscheiden, womit Sie beginnen, Bacon-Baguette, Joghurtbaguette, Tomaten-Basilikum-Baguette, oder doch lieber etwas Süßes, wie das Baguette Parisienne mit Nutella?

Sie haben die Qual der Wahl, aber ich garantiere Ihnen, Sie treffen von unseren 40 Rezepten immer die richtige Wahl.

Verwöhnen Sie zum Beispiel Ihre Grillgäste mit ganz individuellen Baguettes. Und dazu ein paar leckere Dips, vielleicht aus unserem Rezeptheft: „Dips, Saucen & Brotaufstriche" aus dem Thermomix. Diese Kombination kommt garantiert immer gut an.

Seien Sie kreativ und experimentierfreudig. Tauschen Sie einfach Zutaten aus.

Bitte bedenken Sie, dass jeder Backofen anders backt. Passen Sie Backzeiten und Temperaturen ihrem Gerät an.

Auch Mehl ist in der Qualität nicht immer gleich. So können auch die Flüssigkeitsmengen variieren.

Und nun wünsche ich Ihnen viel Spaß und gutes Gelingen.

Ihre Anja Gundlach

Bacon-Baguette

200 g	Dinkelkörner
300 g	Weizenmehl, Type 405
1 Würfel	frische Hefe
40 g	Öl
260 g	Wasser, lauwarm
2 TL	Salz
100 g	Bacon
100 g	Emmentaler

- Dinkelkörner in den Mixtopf geben und **1 Min./Stufe 10** mahlen.
- Die restlichen Zutaten, außer Bacon und Käse, zugeben und **2 Min./Knetstufe** kneten.
- Auf eine bemehlte Unterlage geben.
- Käse in den Mixtopf geben, **5 Sek./Stufe 7** zerkleinern und umfüllen.
- Zu einem Rechteck, ca. 35 cm x 30 cm, ausrollen.
- Den Bacon darauf verteilen, so dass er zur Hälfte über den längeren Rand herausragt.
- Den Käse auf die freien Flächen verteilen.
- Von der gegenüberliegenden Seite des Bacon an beginnend, zu einer Rolle aufrollen, so dass sich der Bacon außen um die Rolle wickelt.
- Auf ein mit Backpapier ausgelegtes Backblech legen.
- In den kalten Backofen, mittlere Schiene, stellen.
- **10 Min./100°C**, dann **15-20 Min.** bei **200°C** goldbraun backen.

Baguette „Mediterran"

180 g	Wasser, warm
1 Würfel	frische Hefe
5 g	Zucker
500 g	Weizenmehl Type 405
1 geh. TL	Salz
200 g	Frischkäse
15 Stck.	Oliven, schwarz, ohne Kern
2 kl. Zweige	Rosmarin, frisch
5 Stck.	Tomaten, getrocknet, in Öl
2 EL	Olivenöl

- Mehl, Frischkäse, Wasser, Hefe, Olivenöl, Salz und Zucker in den Mixtopf geben und dann **3 Min./Knetstufe** zu einem glatten Teig kneten.
- Den Teig aus dem Mixtopf holen und in drei Stücke teilen.
- Das erste Teigstück mit den Oliven und 1 EL Mehl in den Mixtopf geben und **10 Sek./Stufe 5** vermischen.
- Teig herausnehmen.
- Das zweite Stück Teig, Rosmarin und 1 EL Mehl in den Mixtopf geben und **10 Sek./Stufe 5** vermischen und herausnehmen.
- Das dritte Stück Teig, die Tomaten und 1 EL Mehl in den Mixtopf geben, **10 Sek./Stufe 5** vermischen und herausnehmen.

- Die drei Teige mit leicht eingeölten Händen zu Baguettes formen und in wenig Mehl wälzen.

- Jedes Baguette längs mit einem Baguettemesser oder scharfem Messer 1 cm tief einschneiden.

- In den kalten Backofen, mittlere Schiene, stellen.
- Bei **40 – 50°/ca. 15 Min.** gehen lassen, bis die Baguettes um ca. 1/3 gewachsen sind.
- Temperatur auf ca. **220°/Ober-Unterhitze** erhöhen und inklusive des Heizvorgangs **15-20 Min.** backen.
- Nun noch **5 Min./Unterhitze** fertig backen.

- Auf einem Rost auskühlen lassen.

03.06.17

Baguette mit Kräuterbutter

50 g	Kräuterbutter, flüssig
1 Stck.	Knoblauchzehe, gepresst
225 g	Wasser
30 g	frische Hefe
3 g	Zucker
375 g	Weizenmehl Type 405
8 g	Salz

- Wasser, Hefe und Zucker in den Mixtopf geben und **2 Min./37°/Stufe 2** verrühren.
- Die restlichen Zutaten zugeben und **30 Sek./Stufe 5**, dann **3 Min./Knetstufe** kneten.
- Den Teig aus dem Mixtopf nehmen.
- Noch einmal kurz durchkneten, so dass ein homogener Teigkloss entsteht.
- Aus dem Teig drei gleich große Baguettes formen und leicht in Mehl wälzen.
- Auf ein gefettetes Baguetteblech legen.
- Mehrmals 1 cm tief, schräg einschneiden.
- In den kalten Backofen, mittlere Schiene, stellen.
- Bei **40 – 50°/ca. 15 Min.** gehen lassen, bis die Baguettes um ca. 1/3 gewachsen sind.
- Temperatur auf ca. **230°/Ober-Unterhitze** erhöhen und inklusive des Heizvorgangs **15-20 Min.** backen.
- Nun noch **5 Min./Unterhitze** fertig backen.

- Auf einem Rost auskühlen lassen.

Baguette Parisienne mit Nutella

30 g	frische Hefe
15 g	Zucker
130 g	Wasser
500 g	Weizenmehl Type 405
1 ½ TL	Salz
170 g	Milch
	Nutella

- Hefe, Milch und Zucker in den Mixtopf geben und **2 Min./37°C/Stufe 2** erwärmen.
- Mehl und Salz zugeben und **2 Min./Knetstufe** kneten.
- In eine Schüssel geben und abgedeckt an einem warmen Ort, **45 Min.** gehen lassen.
- Teig in drei Teile teilen und zu Rechtecken ausrollen.
- Mit Nutella bestreichen.
- Von beiden Längsseiten in die Mitte falten und dann aufrollen.
- Mit der Naht nach unten auf ein gefettetes Baguette-Blech, 3er Mulde legen.
- Jedes Baguette mehrmals schräg mit einem scharfem Messer, 1 cm tief einschneiden.
- **30 Min.** an einem warmen Ort gehen lassen.
- In den kalten Backofen, mittlere Schiene, stellen.
- Temperatur auf ca. **200°/Ober-Unterhitze** stellen und inklusive des Heizvorgangs **30 Min.** backen.
- Auf einem Rost auskühlen lassen.

30.12.16

Baguettes wie aus der Bäckerei

375 g	Weizenmehl Type 405
10 g	frische Hefe
3 g	Zucker
1 TL	Salz
220 g	Wasser

- Wasser, Hefe und Zucker in den Mixtopf geben und **3 Min./37°/Stufe 2** erwärmen.
- Mehl und Salz zugeben.
- **3 Min./Knetstufe** kneten.
- In eine Schüssel geben und **30 Min.** abgedeckt an einem warmen Ort ruhen lassen.

- Aus dem Teig drei Baguettes formen, nicht mehr kneten! Am Ende spitz zulaufen lassen.
- Auf ein gefettetes Baguette-Blech, 3er Mulde legen.
- Jedes Baguette 5x schräg mit einem Baguettemesser oder scharfem Messer, 1 cm tief einschneiden und mit Mehl bestreuen.
- In den kalten Backofen, mittlere Schiene, stellen.
- Bei **40 – 50°/ca. 15 Min.** gehen lassen, bis die Baguettes um ca. 1/3 gewachsen sind.
- Temperatur auf ca. **220°/Ober-Unterhitze** erhöhen und inklusive des Heizvorgangs **20 Min.** backen.
- Nun noch **5 Min./Unterhitze** fertig backen.

- Auf einem Rost auskühlen lassen.

Champignon-Baguettes

300 g	Weizenmehl Type 405
½ Würfel	frische Hefe
½ TL	Zucker
1 TL	Salz
30 g	Butter
150 g	Wasser, lauwarm
200 g	Champignons

- Die Champignons, putzen und in Scheiben oder Stücke schneiden.
- In einer Pfanne in Butter dünsten.

- Wasser, Hefe und Zucker in den Mixtopf geben, **2 Min./37°C/Stufe 3** erwärmen.
- Die restlichen Zutaten, ohne die Champignons, zugeben
- **3 Min./Knetstufe** kneten.
- Champignons zugeben und **1 Min./Knetstufe** unterkneten.
- Aus dem Teig drei Baguettes formen und auf ein gefettetes Baguette-Blech, 3er Mulde legen.
- Jedes Baguette mehrmals schräg mit einem Baguettemesser oder scharfem Messer, 1 cm tief einschneiden.
- In den kalten Backofen, mittlere Schiene, stellen.
- Backofen **auf 220°C** einstellen und insgesamt **35-40 Min.** goldgelb backen.
- Auf einem Rost auskühlen lassen.

Ciabatta-Baguette

300 g	Wasser
1 Würfel	frische Hefe
5 g	Zucker
500 g	Weizenmehl Type 405
1 ½ TL	Salz
1 EL	Olivenöl
	Weizengrieß

- Wasser, Hefe, Salz, Öl und Zucker in den Mixtopf geben und **3 Min./37°/Stufe 2** erwärmen.
- Mehl zugeben und **2 Min./Knetstufe** kneten.
- In eine Schüssel geben und **30 Min.** abgedeckt ruhen lassen.

- Aus dem Teig drei Baguettes formen und auf ein gefettetes, mit Weizengrieß bestreutes Baguette-Blech, 3er Mulde legen.
- Mit Wasser bepinseln und mit Mehl bestreuen.
- Bei **40 – 50°/ca. 15 Min.** gehen lassen, bis die Baguettes um ca. 1/3 gewachsen sind.
- Temperatur auf ca. **200°/Ober-Unterhitze** erhöhen und inklusive des Heizvorgangs **25 Min.** backen.

- Auf einem Rost auskühlen lassen.

Dinkel-Kürbis-Baguette

500 g	Weizenmehl Type 405
100 g	Dinkelmehl
360 g	Kürbismus
½ Würfel	frische Hefe
1 TL	Zucker
2 TL	Salz

- 320 g Kürbis in Stücken in den Mixtopf geben und **20 Sek./Stufe 8** zerkleinern.
- 40 g Wasser zugeben und den Mus mit dem Spatel nach unten schieben.
- **5 Min./Varoma/Stufe 2** aufkochen und anschließend abkühlen lassen.
- Nach dem Erkalten alle restlichen Zutaten in den Mixtopf zu dem Mus geben und **3 Min./Knetstufe** kneten.
- In eine verschließbare Schüssel füllen und **12 Std.** im Kühlschrank ruhen lassen.

- Den Teig aus der Schüssel nehmen, nicht mehr kneten, in drei Stücke teilen und zu Baguettes formen.
- Auf eine gefettete Backmulde legen.
- Backofen auf **200°C** einstellen und das Blech auf die mittlere Schiene, schieben.
- **20-25 Min.** goldbraun backen.

- Auf einem Rost auskühlen lassen.

Dinkel-Vollkorn-Baguette

400 g	Dinkelkörner
100 g	Dinkelmehl Type 630
300 g	Wasser, warm
1 Würfel	frische Hefe
5 g	Zucker
1 ½ -2 TL	Salz
25 g	Öl
3 EL	Sesamkörner

- Dinkelkörner in den Mixtopf geben und **1 Min./Stufe 10** mahlen.
- Die restlichen Zutaten zugeben.
- Teig aus dem Mixtopf nehmen und in einer bemehlten Schüssel abgedeckt an einem warmen Ort **30 Min.** gehen lassen.
- Mit bemehlten Händen zu drei Baguettes formen.
- Auf ein gefettetes Baguette-Blech, 3er Mulde legen.
- Jedes Baguette längs einschneiden.

- In den kalten Backofen, mittlere Schiene, stellen.
- Bei **40 – 50°/ca. 15 Min.** gehen lassen, bis die Baguettes um ca. 1/3 gewachsen sind.
- Temperatur auf ca. **200°/Ober-Unterhitze** erhöhen und inklusive des Heizvorgangs **25 Min.** backen.

- Auf einem Rost auskühlen lassen.

Feines Weizen-Butter-Baguette

60 g	Butter, weich
100 g	Milch
180 g	Wasser, lauwarm
½ Würfel	frische Hefe
1 TL	Zucker
350 g	Weizenmehl Type 550
120 g	Weizenmehl Type 405
1 TL	Salz
	Butter, flüssig, zum Bestreichen

- Alle Zutaten in den Mixtopf geben und **2 Min./Knetstufe** kneten.
- Teig in drei Teile teilen.
- Baguettes formen und auf ein gefettetes Baguette-Blech, 3er Mulde legen.
- Jedes Baguette mehrmals schräg mit einem Baguettemesser oder scharfem Messer, 1 cm tief einschneiden.
- Mit Butter bestreichen.
- **30 Min.** an einem warmen Ort gehen lassen.
- In den kalten Backofen, mittlere Schiene, stellen.
- Temperatur auf ca. **200°/Ober-Unterhitze** stellen und inklusive des Heizvorgangs **30 Min.** backen.

- Auf einem Rost auskühlen lassen.

Fladenbrot-Baguette

70 g	Dinkelkörner
330 g	Weizenmehl Type 405
100 g	Kartoffelwürfel, gekocht
1 Würfel	frische Hefe
½ TL	Zucker
2 TL	Salz
150 g	Wasser, lauwarm
100 g	Bier oder Mineralwasser mit Kohlensäure
2 EL	Olivenöl
	Sesam
	Schwarzkümmel
	Olivenöl

- Dinkel in den Mixtopf geben und **30 Sek./Stufe 10** mahlen.
- Die restlichen Zutaten zugeben und **4 Min./Knetstufe** kneten.
- Aus dem Teig drei Baguettes formen und auf ein gefettetes Baguette-Blech, 3er Mulde legen.
- Jedes Baguette mit dem Finger tief eindrücken und mit Olivenöl bestreichen.
- Mit Sesam und Schwarzkümmel bestreuen.
- In den kalten Backofen, mittlere Schiene, stellen.
- Temperatur auf ca. **210°/Ober-Unterhitze** einstellen und inklusive des Heizvorgangs **30 Min.** backen.

- Auf einem Rost auskühlen lassen.

Französisches Baguette

Vorteig:

1 TL	Trockenhefe
180 g	Wasser
200 g	Weizenmehl Type 550
¼ TL	feines Meersalz

Hauptteig:

340 g	Weizenmehl Type 550
200 g	Wasser
1 ¼ TL	feines Meersalz

- Die Zutaten für den Vorteig in den Mixtopf geben und **2 Min./Knetstufe** zu einem weichen Teig kneten.
- Abgedeckt in einer Schüssel **12 Std.** im Kühlschrank ruhen lassen.

- Vorteig aus dem Kühlschrank nehmen und bei Raumtemperatur **1 Std.** stehen lassen.

- Die Zutaten des Hauptteigs und den Vorteig in den Mixtopf geben und **5 Min./Knetstufe** kneten.
- Im Mixtopf **15 Min.** ruhen lassen.
- **8 Min./Knetstufe** kneten.

- In eine eingeölte, verschließbare Schüssel geben und **60 Min.** an einem kühlen Ort ruhen lassen.
- Mit der Hand durchkneten und nochmals **1 Std.** gehen lassen, bis sich das Volumen verdoppelt hat.

- Den Teig auf eine bemehlte Arbeitsfläche geben und in drei Teile teilen.
- Jedes Stück zu einem Rechteck flach drücken, die lange Seite zeigt zu Ihnen.
- Nun das untere Drittel des Teiges nach oben in die Mitte falten, und das obere Drittel nach unten in die Mitte.
- Den Saum in der Mitte mit dem Handballen versiegeln.
- Das Baguette aufrollen und hin und her rollen, bis die gewünschte Länge erreicht ist. Dabei die Enden spitz zulaufen lassen.
- Auf ein gefettetes Baguetteblech legen, mit einem feuchten Tuch abdecken und ca. **2 Std.** an einem warmen Ort gehen lassen.
- Mit einem Baguettemesser mehrmals schräg 1 cm tief einschneiden.

- In den vorgeheizten Backofen, **230°/Ober-Unterhitze**, 2. Schiene von unten, stellen und **25 Min.** goldbraun backen.
- Alle **3 Min.** mit Wasser besprühen.

- Auf einem Rost auskühlen lassen.

Frischkäse-Baguette

500 g	Weizenmehl Type 405
1 Würfel	frische Hefe
½ TL	Zucker
1 TL	Salz
200 g	Wasser, lauwarm
200 g	Frischkäse

- Wasser, Hefe und Zucker in den Mixtopf geben und **4 Min./37°C/Stufe 3** erwärmen.
- Die restlichen Zutaten zugeben.
- **4 Min./Knetstufe** kneten.
- Aus dem Teig drei Baguettes formen und auf ein gefettetes Baguette-Blech, 3er Mulde legen.
- Jedes Baguette mehrmals schräg mit einem Baguettemesser oder scharfem Messer, 1 cm tief einschneiden.
- In den kalten Backofen, mittlere Schiene, stellen.
- Bei **40 – 50°/ca. 15 Min.** gehen lassen, bis die Baguettes um ca. 1/3 gewachsen sind.
- Mit Milch bestreichen.
- Temperatur auf ca. **200°/Ober-Unterhitze** erhöhen und inklusive des Heizvorgangs **20-25 Min.** backen.

- Auf einem Rost auskühlen lassen.

Gerolltes Baguette mit Pesto

Für das Baguette:

220 g	Wasser, lauwarm
½ Würfel	frische Hefe
1 TL	Honig
400 g	Weizenmehl Type 405
2 gestr. TL	Salz

Für die Füllung:

2 EL	Pesto, rot oder grün

Zum Bestreichen:

50 ml	Olivenöl
1 EL	Italienische Kräuter
1 Zehe	Knoblauch

Herstellung der Marinade:

- Knoblauch im Mixtopf **5 Sek./Stufe 5** zerkleinern.
- Olivenöl und Kräuter zugeben und **10 Sek./Stufe 6** verrühren.
- Umfüllen.

Herstellung des Teiges:

- Wasser, Hefe und Honig in den Mixtopf geben und **2 Min./37°/Stufe 2** verrühren.
- Mehl und Salz zugeben.

- **2 Min./Knetstufe** kneten.
- An einem warmen Ort, abgedeckt gehen lassen, bis sich das Volumen verdoppelt hat.
- Den Teig halbieren, eine Hälfte zusammen mit dem Pesto in den Mixtopf geben und **1 Min./ Knetstufe** verkneten.
- Beide Teige zu gleich großen Rechtecken ausrollen.
- Den Pestoteig auf den anderen Teig legen und von der Längsseite her aufrollen und nach Belieben in zwei oder drei Baguettes teilen.
- Mit der Nahtstelle nach unten auf ein gefettetes Baguetteblech legen.
- Die Oberseiten mehrmals schräg einschneiden und mit der Marinade bestreichen.
- An einem warmen Ort **30 Min.** gehen lassen.
- Im vorgeheizten Backofen bei **200°/Ober-Unterhitze 20-25 Min.** backen.

- Auf einem Rost auskühlen lassen.

Gewürzbaguette

100 g	Weizenkörner
500 g	Weizenmehl Type 405
30 g	frische Hefe
3 TL	Kräuter der Provence
2 TL	Salz
5 g	Zucker
40 g	Öl
350 g	Wasser, lauwarm

- Weizen in den Mixtopf geben und **1 Min./Stufe 10** mahlen.
- Die restlichen Zutaten zugeben und **3 Min./Knetstufe** kneten.
- **30 Min.** gehen lassen.
- Nochmals mit den Händen durchkneten, evtl. Mehl zufügen.
- Aus dem Teig drei Baguettes formen und auf ein gefettetes Baguette-Blech, 3er Mulde legen.
- Jedes Baguette mehrmals schräg mit einem Baguettemesser oder scharfem Messer, 1 cm tief einschneiden.
- Mit Wasser bestreichen.
- In den kalten Backofen, mittlere Schiene, stellen.
- Bei **40 – 50°/ca. 15 Min.** gehen lassen, bis die Baguettes um ca. 1/3 gewachsen sind.
- Temperatur auf ca. **200°/Ober-Unterhitze** erhöhen und inklusive des Heizvorgangs **25 Min.** backen.
- Auf einem Rost auskühlen lassen.

Haferbaguette

Hafermasse

150 g	Haferflocken, grob
400 g	Wasser, heiß
1 EL	Rübenkraut
50 g	Hartweizengrieß
15 g	Salz
1 EL	Öl

- Die Haferflocken in einer Schüssel mit heißem Wasser übergießen und ca. **15 Min.** quellen lassen.
- Rübenkraut, Salz und Öl zugeben, verrühren und stehen lassen, bis die Masse lauwarm ist.

Teig:

150 g	Wasser
20 g	Hefe
1 TL	Rübenkraut
400 g	Weizenmehl, Type 405
150 g	Weizenvollkornmehl
50 g	Roggenmehl, Type 1150

- Wasser, Hefe und Rübenkraut in den Mixtopf geben und **2 Min./37°C/Stufe 1** erwärmen.

- Mehl und Hafermasse zugeben.
- **3 Min./Knetstufe** kneten.
- In eine eingeölte Schüssel geben und an einem warmen Ort abgedeckt gehen lassen, bis der Teig sich verdoppelt hat.
- Mit eingeölten Händen in drei Teile teilen. Der Teig ist klebrig!
- Aus dem Teig drei Baguettes formen und auf ein mit Backpapier ausgelegtes Baguette-Blech, 3er Mulde legen.
- In den kalten Backofen, mittlere Schiene, stellen.
- Bei **40 – 50°/ca. 15 Min.** gehen lassen, bis die Baguettes um ca. 1/3 gewachsen sind.
- Temperatur auf ca. **200°/Ober-Unterhitze** erhöhen und inklusive des Heizvorgangs **20-25 Min.** backen.

- Auf einem Rost auskühlen lassen.

Henriettes Dinkelbaguette

300 g	Weizenmehl Type 405
100 g	Dinkelkörner
½ TL	Brotgewürz
½ Würfel	frische Hefe
½ TL	Zucker
1 ½ TL	Salz
230 g	Wasser, lauwarm

- Körner und Brotgewürz in den Mixtopf geben und **1 Min./Stufe 10** mahlen.
- Wasser, Hefe und Zucker zugeben und **2 Min./37°/Stufe 2** erwärmen.
- Die restlichen Zutaten zugeben und **2 Min./Knetstufe** kneten.
- Teig in 3 Stücke teilen und daraus Baguettes formen.
- Auf ein gefettetes Baguette-Blech, 3er Mulde legen.
- Jedes Baguette mehrmals schräg mit einem Baguettemesser oder scharfem Messer, 1 cm tief einschneiden.
- In den kalten Backofen, mittlere Schiene, stellen.
- Bei **40–50°/ca. 15 Min.** gehen lassen, bis die Baguettes um ca. 1/3 gewachsen sind.
- Temperatur auf **200°/Ober-Unterhitze** erhöhen und inklusive des Heizvorgangs **20- 25 Min.** backen.
- Auf einem Rost auskühlen lassen.

Herzhaftes Nuss-Baguette

350 g	Weizenmehl Type 405
150 g	Roggenmehl
1 Würfel	frische Hefe
250 g	Buttermilch, lauwarm
1 TL	Salz
100 g	Haselnüsse, gehackt, geröstet

- Alle Zutaten, bis auf die Nüsse, in den Mixtopf geben und **2 Min./Knetstufe** zu einem Teig verarbeiten.
- Nüsse zugeben und **1 Min./Knetstufe** unterkneten.
- An einem warmen Ort abgedeckt **20 Min.** gehen lassen.
- Nochmals **30 Sek./Knetstufe** kneten.
- Teig in drei Teile teilen und daraus Baguettes formen.
- Auf ein gefettetes Baguetteblech legen und mit Wasser bestreichen.
- Jedes Baguette mehrmals schräg mit einem Baguettemesser oder scharfem Messer, 1 cm tief einschneiden.
- In den kalten Backofen, mittlere Schiene, stellen.
- Bei **40 – 50°/ca. 15 Min.** gehen lassen, bis die Baguettes um ca. 1/3 gewachsen sind.
- Temperatur auf ca. **200°/Ober-Unterhitze** erhöhen und inklusive des Heizvorgangs **20-25 Min.** backen.

- Auf einem Rost auskühlen lassen.

Joghurtbaguette

200 g	Dinkelkörner
550 g	Weizenmehl Type 405
1 Würfel	frische Hefe
1 TL	Honig
1 TL	Salz
300 g	Wasser, lauwarm
150 g	Joghurt

- Dinkel in den Mixtopf geben und **1 Min./Stufe 10** mahlen.
- Die restlichen Zutaten zugeben und **2 Min./Knetstufe** kneten.
- Aus dem Teig drei Baguettes formen und auf ein gefettetes Baguette-Blech, 3er Mulde legen.
- Jedes Baguette mehrmals schräg mit einem Baguettemesser oder scharfem Messer, 1 cm tief einschneiden.
- Mit Joghurt bestreichen.
- In den kalten Backofen, mittlere Schiene, stellen.
- Bei **40 – 50°/ca. 15 Min.** gehen lassen, bis die Baguettes um ca. 1/3 gewachsen sind.
- Temperatur auf ca. **200°/Ober-Unterhitze** erhöhen und inklusive des Heizvorgangs **25 Min.** backen.

- Auf einem Rost auskühlen lassen.

Karotten-Dinkel-Baguette

150 g	Dinkelkörner
350 g	Weizenmehl Type 405
100 g	Karotten
1 TL	Salz
40 g	Öl
1 Würfel	frische Hefe
240 g	Wasser, lauwarm
	Sonnenblumenkerne

- Dinkelkörner in den Mixtopf geben und **1 Min./Stufe 10** mahlen.
- Karotte schälen und in Stücken zum Mehl geben.
- **10 Sek./Stufe 8** zerkleinern.
- Die restlichen Zutaten zugeben und **2,5 Min./Knetstufe** kneten.
- Den Teig auf ein mit Backpapier ausgelegtes Baguetteblech geben, am besten mit einem angefeuchteten Spatel.
- Mit Sonnenblumenkernen bestreuen.
- Abdecken und an einem warmen Ort **20-30 Min.** gehen lassen.

- Backofen auf ca. **210°/Ober-Unterhitze** vorheizen und **25-30 Min.** auf mittlerer Schiene backen.

- Auf einem Rost auskühlen lassen.

Käsebaguette

100 g	Emmentaler, in Stücken
200 g	Emmentaler, in Stücken
250 g	Wasser
1 Würfel	frische Hefe
500 g	Weizenmehl Type 405
2 TL	Salz

- 100 g Emmentaler in den Mixtopf geben und **10 Sek./Stufe 6** zerkleinern.
- Umfüllen.
- 200 g Emmentaler in den Mixtopf geben und **5 Sek./Stufe 6** zerkleinern.
- Die restlichen Zutaten, bis auf die 100 g Käse, zugeben und **2 Min./Knetstufe** kneten.
- In eine Schüssel geben und bis auf das doppelte Volumen gehen lassen.
- Kurz mit den Händen durchkneten und zu drei Baguettes formen.
- Auf ein gefettetes Baguetteblech legen.
- Mehrmals 1 cm tief, schräg einschneiden.
- Mit Wasser besprühen und mit dem Käse bestreuen.
- In den kalten Backofen, mittlere Schiene, stellen.
- Bei **40 – 50°/ca. 15 Min.** gehen lassen, bis die Baguettes um ca. 1/3 gewachsen sind.
- Temperatur auf ca. **200°/Ober-Unterhitze** erhöhen und inklusive des Heizvorgangs **20-25 Min.** backen.

- Auf einem Rost auskühlen lassen.

Knusperbaguette

200 g	Weizenmehl Type 405
½ Würfel	frische Hefe
½ TL	Zucker, braun
50 g	Hartweizengrieß
1 TL	Salz
170 g	Wasser, lauwarm
1 EL	Joghurt
2 EL	Mohnsamen

- Alle Zutaten, bis auf den Joghurt und den Mohn, in den Mixtopf geben und **5 Min./Knetstufe** kneten.
- In einer Schüssel **15 Min.** ruhen lassen.
- Aus dem Teig drei Baguettes formen und auf ein gefettetes Baguette-Blech, 3er Mulde legen.
- Jedes Baguette mehrmals schräg mit einem Baguettemesser oder scharfem Messer, 1 cm tief einschneiden.
- In den kalten Backofen, mittlere Schiene, stellen.
- Bei **40 – 50°/ca. 15 Min.** gehen lassen, bis die Baguettes um ca. 1/3 gewachsen sind.
- Teiglinge mit Joghurt bestreichen und mit den Mohnsamen bestreuen.
- Temperatur auf ca. **190°/Ober-Unterhitze** erhöhen und inklusive des Heizvorgangs **20 Min.** backen.

- Auf einem Rost auskühlen lassen.

Königliche Baguettestangen

250 g	Weizenmehl Type 550
250 g	Weizenmehl Type 1050
10 g	Olivenöl
½ TL	Zucker
20 g	Öl
10 g	Salz
20 g	frische Hefe
250 g	Wasser, lauwarm

- Alle Zutaten in den Mixtopf geben und **5 Min./Knetstufe** kneten.
- Den Teig in eine Schüssel mit Deckel geben.
- **60 Min.** an einem warmen Ort gehen lassen.
- Den Teig aus der Schüssel nehmen, in drei gleiche Teile teilen und zu Kugeln formen.
- Auf der unbemehlten Arbeitsplatte abgedeckt noch einmal **10 Min.** gehen lassen.
- Die Kugeln ohne Mehl zu Stangen rollen. Ohne Mehl schließen sich die Nahtstellen besser.
- Die Stangen auf eine gefettete Backmulde legen und mit einem Messer je 3x einschneiden.
- Vorsichtig mit Wasser besprühen und mit etwas Mehl bestäuben.
- Bei **40–50°/Ober-Unterhitze,** mittlere Schiene um 1/3 gehen lassen.
- Die Temperatur auf **200°** erhöhen und inklusive des Heizvorgangs **15-20 Min.** backen.
- Nun noch einmal ca. **5 Min. Unterhitze** backen.
- Auf einem Rost auskühlen lassen.

Kräuterbaguette

Kräutermasse:

½ Bund	Petersilie, abgezupft
½ Bund	Basilikum, abgezupft
1 TL	Salz
	Etwas Pfeffer
2 Zweige	Thymianblätter
2 Stck.	Knoblauchzehen
25 g	Olivenöl
½ Bund	Schnittlauch, in Röllchen

Teig:

250 g	Wasser
1 Würfel	frische Hefe
1 TL	Zucker
1 ½ TL	Salz
450 g	Weizenmehl, Type 405

Kondensmilch
Sesam
Schwarzkümmel

- Die Zutaten für die Kräutermasse, bis auf das Öl und den Schnittlauch, in den Mixtopf geben und **6 Sek./Stufe 6** zerkleinern.
- Schnittlauch zugeben und **10 Sek./Linkslauf/Stufe 2** vermischen und umfüllen.

- Mixtopf auswaschen und austrocknen.

- Wasser, Hefe, Zucker und Salz in den Mixtopf geben und **3 Min./37°C/Stufe 2** erwärmen.
- Mehl zugeben und **3 Min./Knetstufe** kneten. Evtl. noch Mehl zugeben.
- Den Teig in drei Teile teilen und auf einer bemehlten Fläche zu Rechtecken ausrollen.
- Die Kräutermasse auf die Rechtecke verteilen und damit gleichmäßig bestreichen.
- Von der längeren Seite her aufrollen.
- Mit der Naht nach unten, auf ein gefettetes Baguetteblech legen.
- Mehrmals leicht schräg einschneiden.
- Mit Kondensmilch bestreichen.
- Mit Sesam und Schwarzkümmel bestreuen.
- In den kalten Backofen, mittlere Schiene, stellen.
- Bei **40 – 50°/ca. 20 Min.** gehen lassen, bis die Baguettes um ca. 1/3 gewachsen sind.
- Temperatur auf ca. **200°/Ober-Unterhitze** erhöhen und inklusive des Heizvorgangs **25-30 Min.** backen.

- Auf einem Rost auskühlen lassen.

Laugenbaguette "Luftikus"

Für den Teig:

225 g	Weizenmehl Type 550
75 g	Weizenmehl Type 1050
½ Würfel	frische Hefe
½ TL	Zucker
10 g	Butter
1 TL	Salz
150 g	Wasser, lauwarm
5 g	Backmalz

Für die Lauge:

350 g	Wasser
1,5 EL	Natron

- Wasser, Hefe, Butter und Zucker in den Mixtopf geben und **2 Min./37°/Stufe 2** erwärmen.
- Die restlichen Zutaten zugeben und **4 Min./Knetstufe** kneten.
- Teig 15 Min. ruhen lassen.
- Teig in 3 Stücke teilen und daraus Baguettes formen.
- Ruhen lassen und in der Zwischenzeit die Lauge zubereiten.
- In einem Topf 350 g Wasser zum Kochen bringen, Natron einrühren und kurz aufkochen lassen.

- Die Baguettes mit der Lauge bepinseln.
- Auf ein gefettetes Baguette-Blech, 3er Mulde legen.
- Jedes Baguette mehrmals schräg mit einem Baguettemesser oder scharfem Messer, 1 cm tief einschneiden.
- In den kalten Backofen, mittlere Schiene, stellen.
- Bei **40 – 50°/ca. 15 Min.** gehen lassen, bis die Baguettes um ca. 1/3 gewachsen sind.
- Temperatur auf **210°/Ober-Unterhitze** erhöhen und inklusive des Heizvorgangs **20 Min.** backen.

- Auf einem Rost auskühlen.

Parmesan-Oregano-Baguette

120 g	Dinkelkörner
300 g	Weizenmehl Type 405
60 g	Hartweizengrieß
½ Würfel	frische Hefe
1 TL	Zucker
2 TL	Salz
280 g	Wasser, lauwarm
40 g	Parmesan, am Stück
2 TL	Oregano, getrocknet

- Parmesan und Oregano in den Mixtopf geben und **10 Sek./Stufe 8** mahlen.
- Umfüllen und beiseite stellen.

- Grieß in den Mixtopf geben und **30 Sek./Stufe 10** fein mahlen.
- Dinkelkörner zugeben und **1 Min./Stufe 10** fein mahlen.
- Alle Zutaten zugeben und **5 Min./Knetstufe** kneten. Evtl. Mehl zugeben, bis der Teig nicht mehr klebt.
- Den Teig **30 Min.** gehen lassen.
- Drei Baguettes formen und auf ein gefettetes Baguetteblech legen.
- Nochmals **30-60 Min.** gehen lassen.
- Backofen auf ca. **180°/Ober-Unterhitze** vorheizen.
- In den Backofen, mittlere Schiene, stellen.
- **30-40 Min.** backen.

- Auf einem Rost auskühlen lassen.

Pizza-Baguette

Für den Teig:

225 g	Wasser
30 g	frische Hefe
3 g	Zucker
375 g	Weizenmehl Type 405
8 g	Salz

Für die Füllung:

50 g	Salami, in Würfeln
50 g	Schinken, gekocht, in Würfeln
1 Stck.	Peperoni, mild, in feinen Scheiben
4 Stck.	Oliven, in feinen Scheiben
100 g	Käse, gerieben
	Pizzagewürz
	Salz
100 g	passierte Tomaten

- Wasser, Hefe und Zucker in den Mixtopf geben und **2 Min./37°/Stufe 2** verrühren.
- Mehl und Salz zugeben und **30 Sek./Stufe 5**, dann **2,5 Min./Knetstufe** kneten.
- Den Teig aus dem Mixtopf nehmen.
- Noch einmal kurz durchkneten, so dass ein homogener Teigkloss entsteht.
- In drei Teile teilen und auf einer bemehlten Fläche zu Rechtecken ausrollen.

- Die Zutaten für die Füllung in einer separaten Schüssel vermischen und mit Salz und Oregano nach Geschmack abschmecken.
- Auf den Baguettes verteilen.
- Von der langen Seite her aufrollen.
- Mit der Naht nach unten auf ein gefettetes Baguetteblech legen.

- In den kalten Backofen, mittlere Schiene, stellen.
- Bei **40 – 50°/ca. 15 Min.** gehen lassen, bis die Baguettes um ca. 1/3 gewachsen sind.
- Temperatur auf ca. **230°/Ober-Unterhitze** erhöhen und inklusive des Heizvorgangs **20 Min.** backen.
- Nun noch **5 Min./Unterhitze** fertig backen.

- Auf einem Rost auskühlen lassen.

Roggenbaguette

260 g	Wasser
30 g	frische Hefe
3 g	Zucker
200 g	Weizenmehl Type 405
175 g	Roggenmehl Type 1150
1 TL	Salz
2 EL	Olivenöl

- Wasser, Hefe und Zucker in den Mixtopf geben und **2 Min./37°/Stufe 2** verrühren.
- Mehl, Öl und Salz zugeben und **30 Sek./Stufe 5**, dann **3 Min./Knetstufe** kneten.
- Den Teig aus dem Mixtopf nehmen.
- Mit eingeölten Händen noch einmal kurz durchkneten, so dass ein homogener Teigkloss entsteht.
- Aus dem Teig drei gleich große Baguettes formen und leicht in Mehl wälzen.
- Auf ein gefettetes Baguetteblech legen.
- Mehrmals 1 cm tief, schräg einschneiden.
- In den kalten Backofen, mittlere Schiene, stellen.
- Bei **40 – 50°/ca. 20 Min.** gehen lassen, bis die Baguettes um ca. 1/3 gewachsen sind.
- Temperatur auf ca. **230°/Ober-Unterhitze** erhöhen und inklusive des Heizvorgangs **15-20 Min.** backen.
- Nun noch **5 Min./Unterhitze** fertig backen.
- Auf einem Rost auskühlen lassen.

Rosmarin-Baguette

600 g	Weizenmehl Type 405
1 Würfel	frische Hefe
½ TL	Zucker
40 g	Öl
1 TL	Salz
2 TL	Rosmarin
350 g	Wasser, lauwarm

- Alle Zutaten in den Mixtopf geben und **3 Min./Knetstufe** kneten.
- In einer Schüssel **30 Min.** ruhen lassen.
- Mit den Händen kurz durchkneten.
- Aus dem Teig drei Baguettes formen und auf ein gefettetes Baguette-Blech, 3er Mulde legen.
- Jedes Baguette längs 1 cm tief einschneiden.
- In den kalten Backofen, mittlere Schiene, stellen.
- Bei **40 – 50°/ca. 15 Min.** gehen lassen, bis die Baguettes um ca. 1/3 gewachsen sind.
- Temperatur auf ca. **200°/Ober-Unterhitze** erhöhen und inklusive des Heizvorgangs **25 Min.** backen.

- Auf einem Rost auskühlen lassen

Rustikales Baguette

225 g	Wasser
30 g	frische Hefe
3 g	Zucker
375 g	Weizenmehl Type 405
8 g	Salz

- Wasser, Hefe und Zucker in den Mixtopf geben und **2 Min./37°/Stufe 2** verrühren.
- Mehl und Salz zugeben und **30 Sek./Stufe 5**, dann **2,5 Min./Knetstufe** kneten.
- Den Teig aus dem Mixtopf nehmen.
- Noch einmal kurz durchkneten, so dass ein homogener Teigkloss entsteht.
- Aus dem Teig drei gleich große Baguettes formen und leicht in Mehl wälzen.
- Auf ein gefettetes Baguetteblech legen.
- Mehrmals 1 cm tief, schräg einschneiden.
- In den kalten Backofen, mittlere Schiene, stellen.
- Bei **40 – 50°/ca. 15 Min.** gehen lassen, bis die Baguettes um ca. 1/3 gewachsen sind.
- Temperatur auf ca. **230°/Ober-Unterhitze** erhöhen und inklusive des Heizvorgangs **15-20 Min.** backen.
- Nun noch **5 Min./Unterhitze** fertig backen.

- Auf einem Rost auskühlen lassen.

Sauerteig-Baguette

450 g	Weizenmehl Type 550
50 g	Roggenmehl
100 g	Weizensauerteig (selbst angesetzt)
5-10 g	frische Hefe (je nach Reife des Sauerteigs)
5 g	Zucker
10 g	Salz
270 g	Wasser, lauwarm
10 g	Backmalz

- Roggenmehl, Hefe, Zucker und Wasser in den Mixtopf geben und **2 Min./37°/Stufe 2** verrühren.
- Die restlichen Zutaten zugeben und **3 Min./Knetstufe** kneten.
- Hände leicht einölen und den Teig aus dem Mixtopf holen.
- Noch einmal kurz durchkneten, so dass ein homogener Teigkloss entsteht.
- Den Teig in drei gleich große Teile teilen.
- Baguettes formen und in wenig Mehl wälzen.
- Auf ein gefettetes Baguetteblech legen und jedes Baguette mehrmals schräg mit einem Baguettemesser oder scharfem Messer, 1 cm tief einschneiden.
- In den kalten Backofen, mittlere Schiene, stellen.
- Bei **40–50°/ca. 15 Min.** gehen lassen, bis die Baguettes um ca. 1/3 gewachsen sind.
- Temperatur auf **220°/Ober-Unterhitze** erhöhen und inklusive des Heizvorgangs **15-20 Min.** backen.
- Nun noch **5 Min./Unterhitze** fertig backen.
- Auf einem Rost auskühlen lassen.

Schinken-Käse-Baguette

250 g	Wasser, lauwarm
1 Würfel	frische Hefe
3 g	Zucker
500 g	Weizenmehl Type 550
1 ½ TL	Salz
25 g	Öl
80 g	gekochter Schinken, gewürfelt
80 g	Käse, gewürfelt

- Wasser, Hefe, Öl und Zucker in den Mixtopf geben und **5 Sek./Stufe 7** verrühren.
- Alle Zutaten, außer Schinken und Käse zugeben und **2,5 Min./Knetstufe** kneten.
- Schinken- und Käsewürfel zugeben und **30 Sek./Knetstufe** fertig kneten.
- Aus dem Mixtopf nehmen und noch einmal kurz durchkneten, so dass ein homogener Teigkloss entsteht.
- Ein gefettetes Baguette-Blech, 3er Mulde benutzen.
- Den Teig in drei gleich große Teile teilen.
- Daraus drei Baguettes formen und in wenig Mehl wälzen.
- Jedes Baguette 5x schräg mit einem Baguettemesser oder scharfem Messer 1 cm tief einschneiden.
- In den kalten Backofen, mittlere Schiene, stellen.
- Bei **40 – 50°/ca. 15 Min.** gehen lassen, bis die Baguettes um ca. 1/3 gewachsen sind.
- Temperatur auf ca. **200°/Ober-Unterhitze** erhöhen und inklusive des Heizvorgangs **25-30 Min.** backen.

Sesam-Baguette

180 g	Wasser
½ Würfel	frische Hefe
3 g	Zucker
75 g	Sesamöl
75 g	Weißwein
500 g	Weizenmehl Type 405
½ TL	Salz
80 g	Joghurt
3 EL	Sesamkörner

- Wasser, Öl, Weißwein, Hefe und Zucker in den Mixtopf geben und **3 Min./37°/Stufe 2** erwärmen.
- Mehl und Salz zugeben.
- **3 Min./Knetstufe** kneten.
- Im Mixtopf **10 Min.** ruhen lassen.
- In eine Schüssel geben und **30 Min.** abgedeckt ruhen lassen.
- Aus dem Teig drei Baguettes formen und auf ein gefettetes Baguette-Blech, 3er Mulde legen.
- Jedes Baguette 5x schräg mit einem Baguettemesser oder scharfem Messer, 1 cm tief einschneiden.
- In den kalten Backofen, mittlere Schiene, stellen.
- Bei **40 – 50°/ca. 15 Min.** gehen lassen, bis die Baguettes um ca. 1/3 gewachsen sind.
- Teiglinge mit Joghurt bestreichen und mit den Sesamkörnern bestreuen.
- Temperatur auf ca. **200°/Ober-Unterhitze** erhöhen und inklusive des Heizvorgangs **20-25 Min.** backen.

„Strammer Heinz" Stangenweißbrot

400 g	Buttermilch
½ Würfel	frische Hefe
3 g	Zucker
500 g	Weizenmehl Type 405
1 ½ TL	Salz
	Salz
	Wasser

- Buttermilch, Hefe und Zucker in den Mixtopf geben und **2 Min./37°/Stufe 2** erwärmen.
- Mehl und Salz zugeben.
- **5 Min./Knetstufe** kneten.
- Teig in drei Teile teilen.
- Baguettes formen, gegeneinander drehen und auf ein gefettetes Baguette-Blech, 3er Mulde legen.
- Jedes Baguette 5x schräg mit einem Baguettemesser oder scharfem Messer, 1 cm tief einschneiden.
- Mit Mehl bestreuen.
- In den kalten Backofen, mittlere Schiene, stellen.
- Bei **40 – 50°/ca. 15 Min.** gehen lassen, bis die Baguettes um ca. 1/3 gewachsen sind.
- Etwas Wasser mit Salz verrühren und die Baguettes damit einpinseln.
- Temperatur auf ca. **200°/Ober-Unterhitze** erhöhen und inklusive des Heizvorgangs **25 Min.** backen.

- Auf einem Rost auskühlen lassen.

Tomaten-Basilikum-Baguette

100 g	Dinkelkörner
50 g	Roggenkörner
125 g	Weizenkörner
175 g	Weizenmehl Type 405
230 g	Wasser, warm
½ Würfel	frische Hefe
1 EL	Honig
1 EL	Meersalz
100 g	Tomaten, getrocknet, eingelegt
20 g	Basilikumblätter, frisch
	Milch zum Bestreichen

- Körner in den Mixtopf geben und **1 Min./Stufe 10** mahlen.
- Die restlichen Zutaten, ohne Tomaten und Basilikum, zugeben.
- **2 Min./Knetstufe** kneten.
- Teig aus dem Mixtopf nehmen und in einer bemehlten Schüssel abgedeckt an einem warmen Ort **45 Min.** gehen lassen.
- Tomaten und Basilikum in den gereinigten Mixtopf geben und **15 Sek./Stufe 5** zerkleinern.
- Nach dem Gehen den Teig zugeben und **1 Min./Knetstufe kneten.** Evtl. noch Mehl zugeben.
- Mit bemehlten Händen den Teig in zwei Teile teilen und zu Rechtecken, 50 x 20 cm ausrollen.

- Längsseiten zur Mitte hin einschlagen, Teig nochmals zur Mitte hin zusammenlegen und etwas in sich drehen.

- Auf ein mit Backpapier ausgelegtes Backblech legen.
- Zugedeckt **1 Std.** gehen lassen.
- Backofen auf **200°/Ober-Unterhitze** vorheizen.
- Baguettes mehrmals 1 cm tief einschneiden.
- Mit Milch bestreichen.
- Auf der mittleren Schiene **25-30 Min.** backen.

- Auf einem Rost auskühlen lassen.

23. 12. 16

Turbo-Baguette mit Leinsamen

150 g	Wasser, lauwarm
1 Pck.	Trockenhefe
5 g	Zucker
250 g	Weizenmehl Type 405
½ TL	Salz
15 g	Olivenöl
2 EL	Leinsamen

- Leinsamen in einem kleinen Gefäß gut mit Wasser bedecken und quellen lassen.
- Alle anderen Zutaten in den Mixtopf geben.
- **2 Min./Knetstufe** kneten.
- Leinsamen zugeben und nochmals **1 Min./Knetstufe** unterkneten.

- Aus dem Teig ein Baguette formen und auf ein mit Backpapier ausgelegtes Backblech legen.
- Den Teig längs 1 cm tief einschneiden.
- Temperatur auf ca. **200°/Ober-Unterhitze** stellen und inklusive des Heizvorgangs **35 Min.** backen.

- Auf einem Rost auskühlen lassen.

Party-Baguette „Violette"

Heller Teig

160 g	Milch
½ Würfel	frische Hefe
½ TL	Salz
½ TL	Zucker
20 g	Öl
300 g	Weizenmehl Type 405

- Alle Zutaten, bis auf das Mehl, in den Mixtopf geben und **2 Min./37°C/Stufe 2** verrühren.
- Mehl zugeben und **2 Min./Knetstufe** kneten.
- Den Teig aus dem Mixtopf nehmen und beiseite stellen.

Violetter Teig

100 g	Rotkohl, frisch
130 g	Weizenmehl Type 405
20 g	frische Hefe
½ TL	Salz
½ TL	Zucker
20 g	Öl
100 g	Milch
120 g	Weizenmehl Type 405

- Rotkohl in Stücken und 130 g Mehl in den Mixtopf geben und **10 Sek./Stufe 10** vermengen.

- Hefe, Salz, Zucker, Öl und Milch zugeben.
- **2 Min./37°C/Stufe 2** vermengen.
- 120 g Mehl zugeben und **2 Min./Knetstufe** kneten.
- Der violette Teig wird etwas weicher als der helle Teig.
- Beide Teige auf einer bemehlten Unterlage zu einem Rechteck ausrollen.
- Den violetten Teig auf den hellen Teig legen und von der längeren Seite her aufrollen.
- Mit der Naht nach unten auf ein mit Backpapier ausgelegtes Backblech legen, mit Milch bestreichen und mehrmals schräg 1 cm tief einschneiden.
- In den kalten Backofen, mittlere Schiene stellen.
- **10 Min./100°C**,
- **7 Min./150°C**, und anschließend **15-20 Min./220°C/Ober-Unterhitze** goldbraun backen.

- Auf einem Rost auskühlen lassen.

Vollkorn-Wurzel-Baguette

250 g	Weizenkörner
75 g	Weizenmehl Type 550
1 Stck.	Karotte
1 TL	Salz
10 g	Olivenöl
½ Würfel	frische Hefe
160 g	Wasser, lauwarm
1 EL	Sauerteig, getrocknet
1 geh. TL	Zuckerrübensirup

- Weizenkörner in den Mixtopf geben und **1 Min./Stufe 10** mahlen.
- Karotte schälen und in Stücken zum Mehl geben.
- **10 Sek./Stufe 5** zerkleinern.
- Die restlichen Zutaten zugeben und **2 Min./Knetstufe** kneten.
- Den Teig auf eine leicht eingeölte Arbeitsfläche stürzen und mit eingeölten Händen kurz durchkneten und eine Rolle formen.
- Diese durch ziehen und rollen mehrmals ineinander verdrehen.
- Die Teigwurzel auf ein mit Backpapier ausgelegtes Backblech legen und großzügig mit Mehl bestreuen.
- Abdecken und an einem warmen Ort **20-30 Min.** gehen lassen.

- Backofen auf ca. **220°/Ober-Unterhitze** vorheizen und **25-30 Min.** auf mittlerer Schiene backen.
- Auf einem Rost auskühlen lassen.

Ziegenkäse-Baguette

150 g	Wasser
20 g	frische Hefe
3 g	Zucker
300 g	Weizenmehl Type 405
5 EL	Traubenkernöl
150 g	Ziegenfrischkäse
1 TL	Salz

- Wasser, Hefe und Zucker in den Mixtopf geben und **2 Min./37°/Stufe 2** verrühren.
- Die restlichen Zutaten zugeben und **23 Min./Knetstufe** kneten.
- Den Teig aus dem Mixtopf nehmen.
- Noch einmal kurz durchkneten, so dass ein homogener Teigkloss entsteht.
- Aus dem Teig zwei bis drei gleich große Baguettes formen.
- Auf ein gefettetes Baguetteblech legen.
- Mehrmals 1 cm tief, schräg einschneiden.
- In den kalten Backofen, mittlere Schiene, stellen.
- Bei **40 – 50°/ca. 15 Min.** gehen lassen, bis die Baguettes um ca. 1/3 gewachsen sind.
- Temperatur auf ca. **200°/Ober-Unterhitze** erhöhen und inklusive des Heizvorgangs **Ca. 30 Min.** backen.

- Auf einem Rost auskühlen lassen.

Zwiebelbaguette Noblesse

300 g	Weizenmehl Type 550
100 g	Sechskornmischung -Getreidekörner
30 g	frische Hefe
½ TL	Zucker
20 g	Öl
1 TL	Salz
190 g	Wasser, lauwarm
2-3 EL	Röstzwiebeln

- Körner in den Mixtopf geben und **30 Sek./Stufe 10** mahlen.
- Wasser, Hefe, Öl und Zucker zugeben und **2 Min./37°/Stufe 2** erwärmen.
- Die restlichen Zutaten zugeben und **3 Min./Knetstufe** kneten.
- Teig in 3 Stücke teilen und daraus Baguettes formen.
- Auf ein gefettetes Baguette-Blech, 3er-Mulde legen.
- Jedes Baguette mehrmals schräg mit einem Baguettemesser oder scharfem Messer, 1 cm tief einschneiden.
- Mit lauwarmen Wasser bestreichen.
- In den kalten Backofen, mittlere Schiene, stellen.
- Bei **40–50°/ca. 20 Min.** gehen lassen, bis die Baguettes um ca. 1/3 gewachsen sind.
- Temperatur auf **200°/Ober-Unterhitze** erhöhen und inklusive des Heizvorgangs **20 Min.** backen.
- Auf einem Rost auskühlen lassen.

Die Unterschiede vom TM 21 zum TM 31

TM 21

Rühren: Stufe 1-3   Umdrehungen/Min. 100-1000
Mixen/Pürieren: Stufe 4-9   Umdrehungen/Min. 2000-9100
Turbomixen: „Turbo" 12.000
Brotstufe: „Intervall"   Umdrehungen/Min. 6000

TM 31

Sanftrührstufe- Kochlöffelsymbol- Umdrehungen/Min. 40
Rühren- Stufe 1-3- Umdrehungen/Min. 100-500
Mixen/Pürieren- Stufe4-9- Umdrehungen/Min. 1100-7600
Turbo- Stufe 10 od. Turbotaste- Umdrehungen/Min. 10.200
Brotstufe plus automatischer Linkslauf
Also bei Umrechnung von TM 21 auf TM 31 muss man
eigentlich nur bei Stufe 3+4 aufpassen. Stufe 3 mixt beim
TM 31 schon, während beim TM 21 noch gerührt wird.
Alles andere ist gleich!

Besuchen Sie unseren Online Shop „www.maxxx-store.de". Dort finden Sie
vieles rund um den Thermomix.

ISBN 978-3-9816126-3-9

© HG Verlag
Autor: Anja Gundlach
Foto und Design: Kai Hampe
2. Auflage 2013
www.hgverlag.de